AF221788

Impressum
Verlag: BABADADA GmbH, Nedderfeld 112 , 22529 Hamburg
Geschäftsführer / Verlagsleitung: Harald Hof
Druck: Books on Demand GmbH, In de Tarpen 42, 22848 Norderstedt

Imprint
Publisher: BABADADA GmbH, Nedderfeld 112 , 22529 Hamburg, Germany
Managing Director / Publishing direction: Harald Hof
Print: Books on Demand GmbH, In de Tarpen 42, 22848 Norderstedt

skola
學校

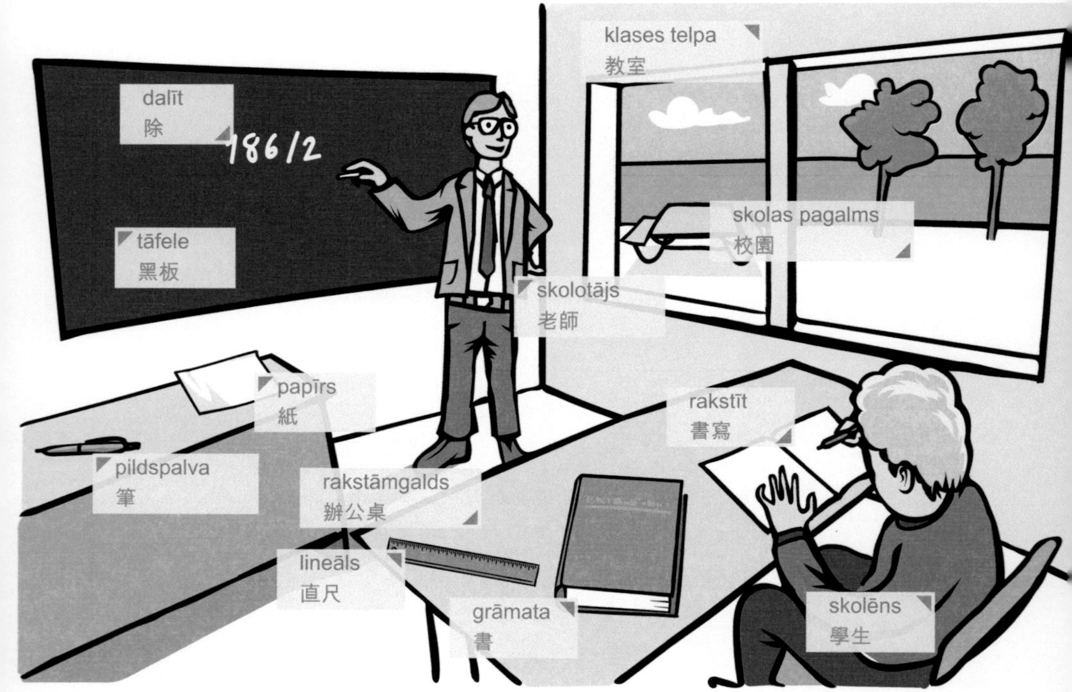

klases telpa
教室
dalīt
除
186/2
tāfele
黑板
skolas pagalms
校園
skolotājs
老師
papīrs
紙
rakstīt
書寫
pildspalva
筆
rakstāmgalds
辦公桌
lineāls
直尺
grāmata
書
skolēns
學生

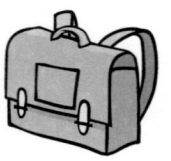

skolas soma
書包

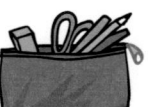

penālis
鉛筆盒

zīmulis
鉛筆

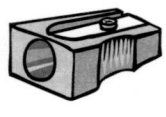

zīmuļu asināmais
削鉛筆機

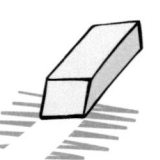

dzēšgumija
橡皮擦

zīmēšanas bloks
畫板

zīmējums

圖畫

ota

畫筆

krāsas

顏料盒

šķēres

剪刀

līme

膠水

darba burtnīca

練習冊

mājas darbs

家庭作業

skaitlis

數字

saskaitīt

加

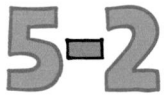

atņemt

減

reizināt

乘

rēķināt

計算

burts

字母

alfabēts

字母表

vārds

字

teksts

課文

lasīt

讀

krīts

粉筆

mācību stunda

上課

žurnāls

登記

eksāmens

考試

liecība

證書

skolas forma

校服

izglītība

教育

enciklopēdija

百科全書

universitāte

大學

mikroskops

顯微鏡

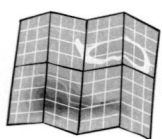

karte

地圖

papīrgrozs

廢紙簍

viesnīca
飯店

Grand

hostelis
青年旅社

valūtas maiņas punkts
外幣兌換處

ROOMS

EXCHANGE

čemodāns
手提箱

automašīna
汽車

Valoda
語言

jā / nē
是/否

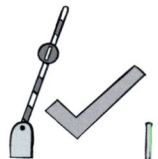

Okay
好的

Sveiki!
您好

tulks
翻譯人員

paldies
謝謝

Cik maksā...?

......多少錢？

Es nesaprotu

我不明白

problēma

問題

Labvakar!

晚上好！

Labrīt!

早上好！

Ar labu nakti!

晚安！

Uz redzēšanos

再見

virziens

方向

bagāža

行李

soma

包

mugursoma

背包

viesis

客人

istaba

房間

guļammaiss

睡袋

telts

帳篷

tūrisma informācija

旅行資訊

pludmale

海灘

kredītkarte

信用卡

brokastis

早餐

pusdienas

午餐

vakariņas

晚餐

biļete

票

lifts

電梯

pastmarka

郵票

robeža

邊界

muita

海關

vēstniecība

大使館

vīza

簽證

pase

護照

transports
交通運送

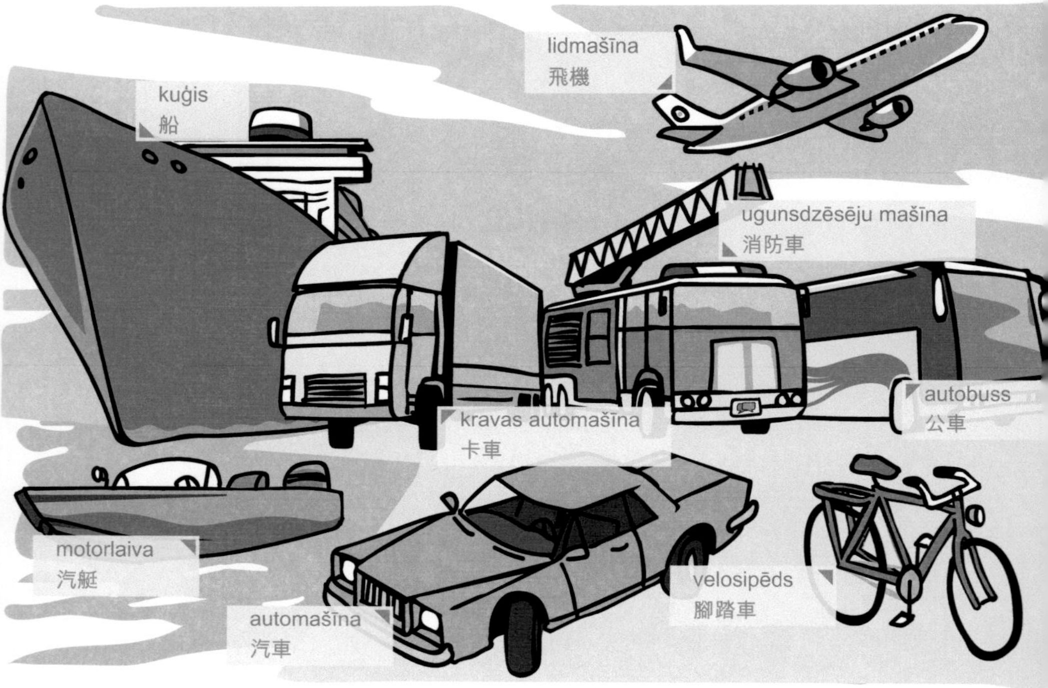

lidmašīna
飛機
kuģis
船
ugunsdzēsēju mašīna
消防車
autobuss
公車
kravas automašīna
卡車
motorlaiva
汽艇
velosipēds
腳踏車
automašīna
汽車

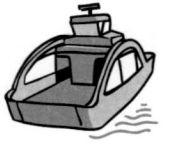

prāmis
渡輪

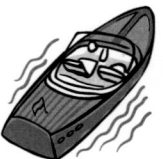

laiva
小船

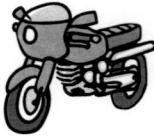

motocikls
機車

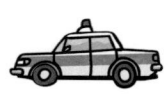

policijas automašīna
警車

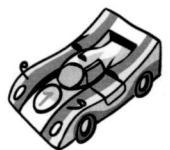

sacīkšu automobilis
賽車

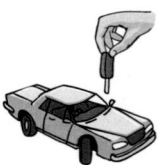

nomas auto
租車

auto koplietošana

拼車

evakuators

拖車

atkritumu mašīna

垃圾車

dzinējs

馬達

benzīns

汽油

degvielas uzpildes stacija

加油站

ceļa zīme

交通標識

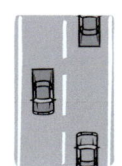

satiksme

交通

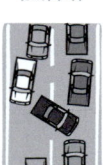

sastrēgums

交通堵塞

stāvvieta

停車場

dzelzceļa stacija

火車站

sliedes

軌道

vilciens

火車

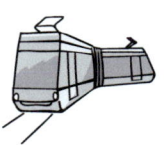

tramvajs

路面電車

vagons

客車廂

helikopters

直升機

lidosta

機場

tornis

塔

pasažieris

乘客

konteiners

集裝箱

kaste

紙板箱

ratiņi

手推車

grozs

籃子

pacelties / nosēsties

起飛/降落

pilsēta
城市

ciems

村莊

pilsētas centrs

市中心

māja

房子

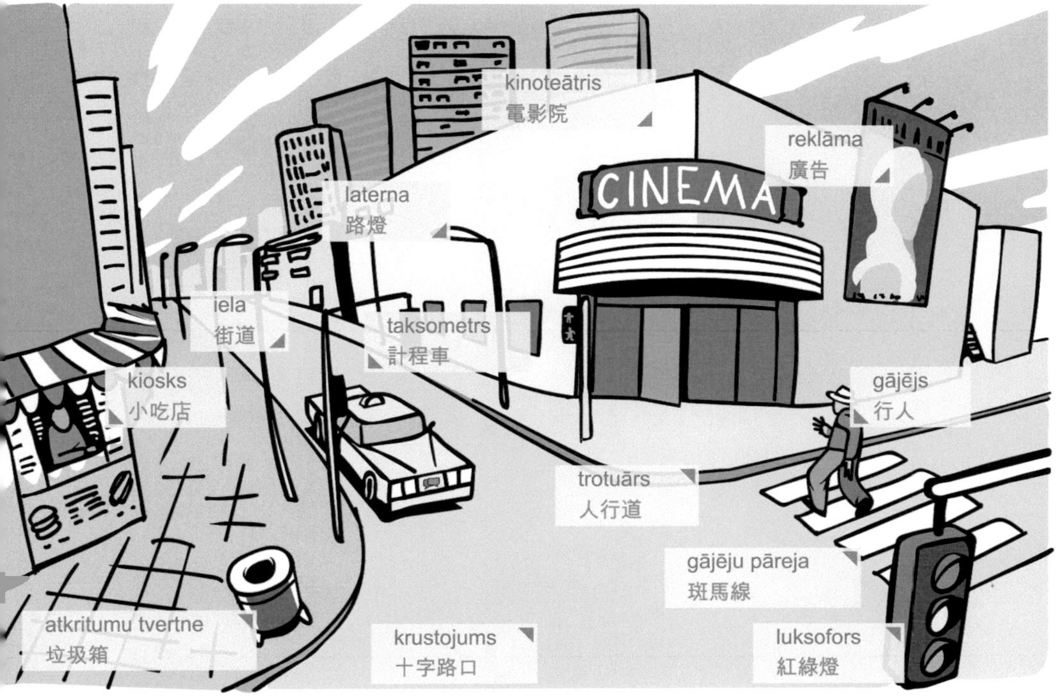

kinoteātris
電影院
reklāma
廣告
CINEMA
laterna
路燈
iela
街道
taksometrs
計程車
kiosks
小吃店
gājējs
行人
trotuārs
人行道
gājēju pāreja
斑馬線
atkritumu tvertne
垃圾箱
krustojums
十字路口
luksofors
紅綠燈

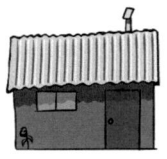

būda

小屋

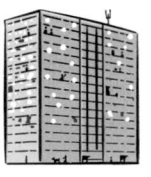

dzīvoklis

公寓

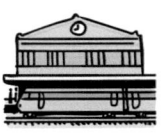

dzelzceļa stacija

火車站

rātsnams

市政廳

MUSEUM

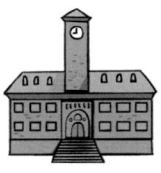

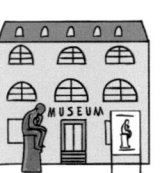

muzejs

博物館

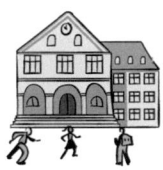

skola

學校

universitāte

大學

banka

銀行

slimnīca

醫院

viesnīca

飯店

aptieka

藥房

birojs

辦公室

grāmatnīca

書店

veikals

商店

ziedu veikals

花店

lielveikals

超市

tirgus

市場

tirdzniecības centrs

百貨商店

zivju tirgotājs

魚店

tirdzniecības centrs

購物中心

osta

海港

parks

公園

sols

長凳

tilts

橋

kāpnes

樓梯

metro

捷運

tunelis

隧道

autobusa pieturvieta

公車站

bārs

酒吧

restorāns

餐館

pastkastīte

郵筒

ielas nosaukuma plāksne

路標

stāvlaika skaitītājs

停車計時器

zooloģiskais dārzs

動物園

peldbaseins

游泳池

mošeja

清真寺

zemnieku saimniecība

農場

vides piesārņojums

污染

kapsēta

墓地

baznīca

教堂

spēļu laukums

操場

templis

寺廟

ainava

地形

lapa
樹葉

ceļrādis
指示牌

ceļš
路

pļava
草地

akmens
石頭

koks
樹

ceļotājs
徒步旅行者

upe
河

zāle
草

puķe
花

ieleja

峽谷

kalns

丘陵

ezers

湖

mežs

森林

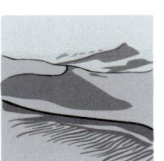

tuksnesis

沙漠

vulkāns

火山

pils

城堡

varavīksne

彩虹

sēne

蘑菇

palma

棕櫚樹

moskīts

蚊子

muša

蒼蠅

skudra

螞蟻

bite

蜜蜂

zirneklis

蜘蛛

vabole

甲蟲

varde

青蛙

vāvere

松鼠

ezis

刺蝟

zaķis

野兔

pūce

貓頭鷹

putns

鳥

gulbis

天鵝

meža cūka

野豬

briedis

鹿

alnis

麋鹿

aizsprosts

水壩

vēja ģenerators

風力發電機

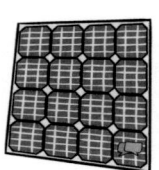

saules baterija

太陽能電池板

klimats

氣候

restorāns
餐館

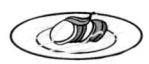

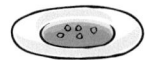

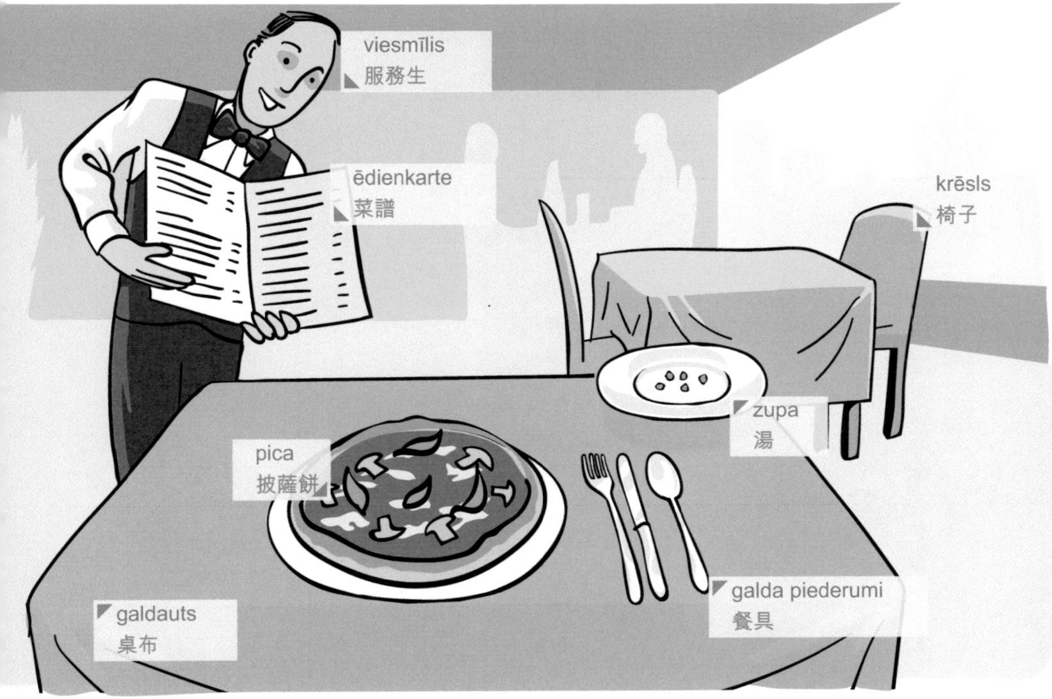
viesmīlis
服務生
ēdienkarte
菜譜
krēsls
椅子
zupa
湯
pica
披薩餅
galda piederumi
餐具
galdauts
桌布

uzkoda
前菜

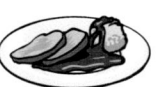

pamatēdiens
主菜

deserts
甜點

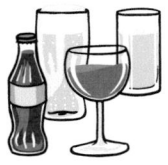

dzērieni
飲料

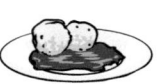

ēdiens
食物

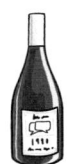

pudele
瓶子

ātrās uzkodas

速食

ielu uzkodas

街邊小吃

tējkanna

茶壺

cukurtrauks

糖盒

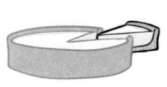

porcija

一份飯菜

espresso kafijas automāts

義式咖啡機

bāra krēsls

高腳椅

rēķins

帳單

paplāte

托盤

nazis

刀

dakša

餐叉

karote

勺子

tējkarote

茶匙

salvete

餐巾

glāze

玻璃杯

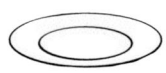

šķīvis

碟子

zupas šķīvis

湯盤

apakštase

碟子

mērce

醬

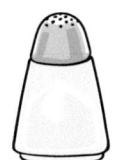

sāls trauciņš

鹽瓶

piparu dzirnaviņas

胡椒研磨罐

etiķis

醋

eļļa

食用油

garšvielas

調味料

kečups

番茄醬

sinepes

芥末

majonēze

美乃滋

lielveikals
超市

piedāvājums
特價
FOR
klients
顧客
piena produkti
乳製品
augļi
水果
iepirkumu ratiņi
購物車

BUTCHERS

kautuve
肉鋪

BAKERY

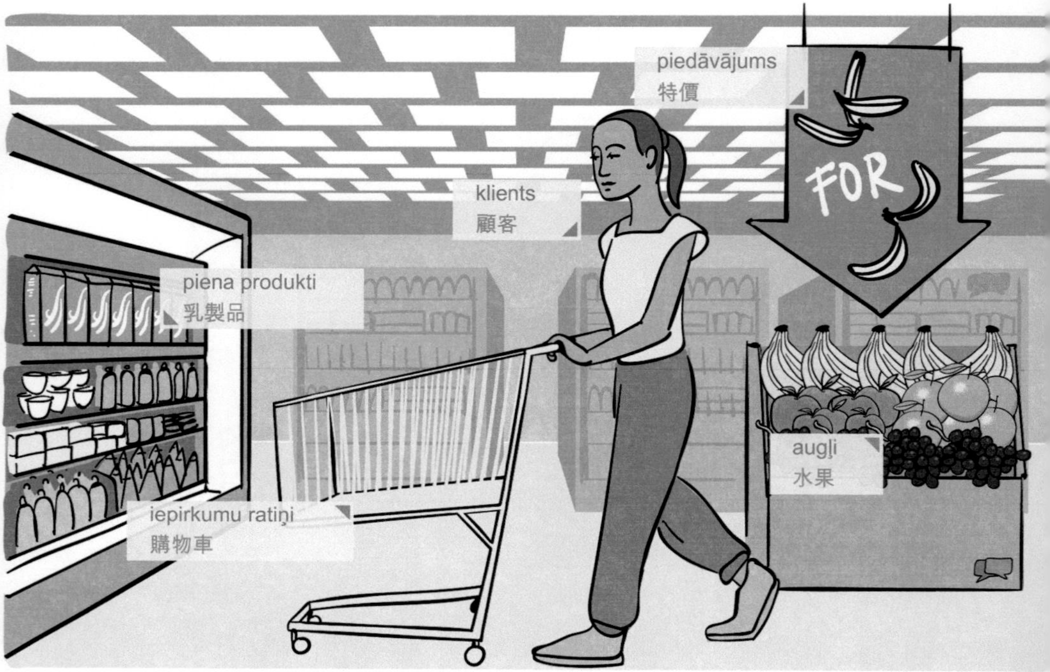

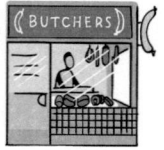

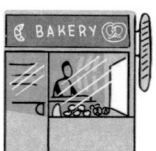

maizes veikals
麵包店

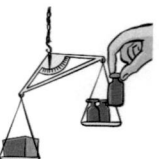

svērt
稱重

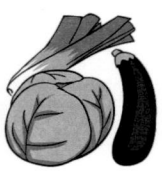

dārzeņi
蔬菜

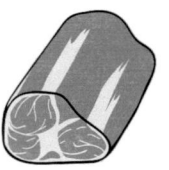

gaļa
肉

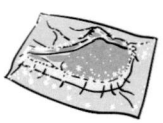

saldēti produkti
冷凍食品

aukstās gaļas uzkodas

冷盤

konservi

罐頭食品

pulveris

洗衣粉

saldumi

甜食

mājsaimniecības preces

日用品

tīrīšanas līdzeklis

清潔用品

pārdevēja

銷售員

kase

收銀機

kasieris

收銀員

iepirkumu saraksts

購物清單

darba laiks

開放時間

maks

錢包

kredītkarte

信用卡

soma

袋子

maisiņš

塑膠袋

ūdens

水

sula

果汁

piens

牛奶

kola

可樂

vīns

紅酒

alus

啤酒

alkohols

酒

kakao

可可

tēja

茶

kafija

咖啡

espresso

義式濃縮咖啡

kapučīno

卡布奇諾

banāns

香蕉

ābols

蘋果

apelsīns

柳丁

melone

西瓜

citrons

檸檬

burkāns

胡蘿蔔

ķiploks

大蒜

bambuss

竹子

sīpols

洋蔥

sēne

蘑菇

rieksti

堅果

makaroni

麵條

spageti

義大利麵

rīsi

米飯

salāti

沙拉

frī kartupeļi

薯條

cepti kartupeļi

炸馬鈴薯

pica

披薩餅

hamburgers

漢堡

sviestmaize

三明治

šnicele

炸豬排

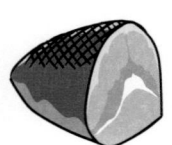

šķiņķis

火腿

salami

義大利臘腸

desa

香腸

vista

雞肉

cepetis

烤肉

zivs

魚

auzu pārslas

燕麥片

muslis

木斯里

brokastu pārslas

玉米片

milti

麵粉

radziņš

牛角麵包

brokastu maizītes

麵包捲

maize

麵包

tostermaize

吐司

cepumi

餅乾

sviests

奶油

biezpiens

凝乳

kūka

蛋糕

ola

蛋

cepta ola

煎蛋

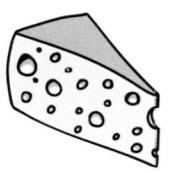

siers

起司

saldējums

冰淇淋

cukurs

糖

medus

蜂蜜

marmelāde

果醬

riekstu krēms

巧克力醬

karijs

咖哩

zemnieku saimniecība
農場

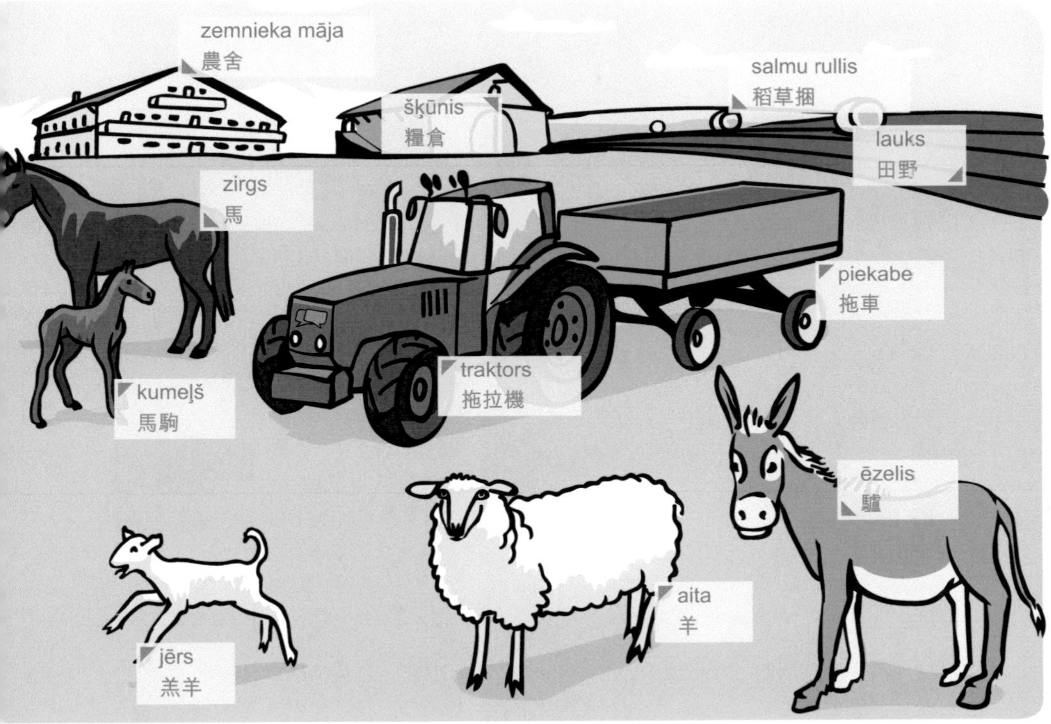
zemnieka māja
農舍
šķūnis
糧倉
salmu rullis
稻草捆
lauks
田野
zirgs
馬
piekabe
拖車
kumeļš
馬駒
traktors
拖拉機
ēzelis
驢
aita
羊
jērs
羔羊

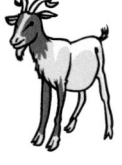

kaza
山羊

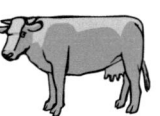

govs
奶牛

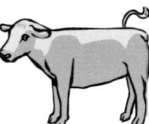

teļš
小牛

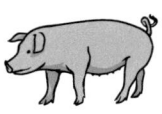

cūka
豬

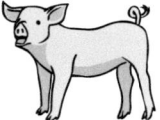

sivēns
小豬

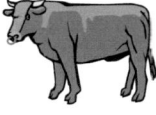

bullis
公牛

zoss

鵝

pīle

鴨

cālis

小雞

vista

母雞

gailis

公雞

žurka

鼠

kaķis

貓

pele

老鼠

vērsis

牛

suns

狗

suņa būda

狗屋

dārza šļūtene

花園澆水軟管

lejkanna

澆水壺

izkapts

長柄大鐮刀

arkls

犁

sirpis

鐮刀

kaplis

鋤頭

mēslu dakša

長柄草耙

cirvis

斧頭

ķerra

獨輪手推車

sile

飼料槽

piena kanna

牛奶罐

maiss

麻布袋

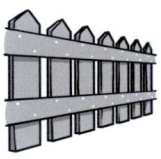

žogs

柵欄

kūts

馬廐

siltumnīca

溫室

augsne

土壤

sēklas

種子

mēslojums

肥料

kombains

聯合收割機

novākt ražu

收割

raža

收割

jamss

地瓜

kvieši

小麥

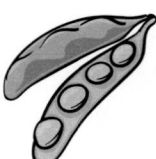

soja

大豆

kartupelis

土豆

kukurūza

玉米

rapsis

油菜籽

augļu koks

果樹

manioka

樹薯

labība

穀物

māja
房子

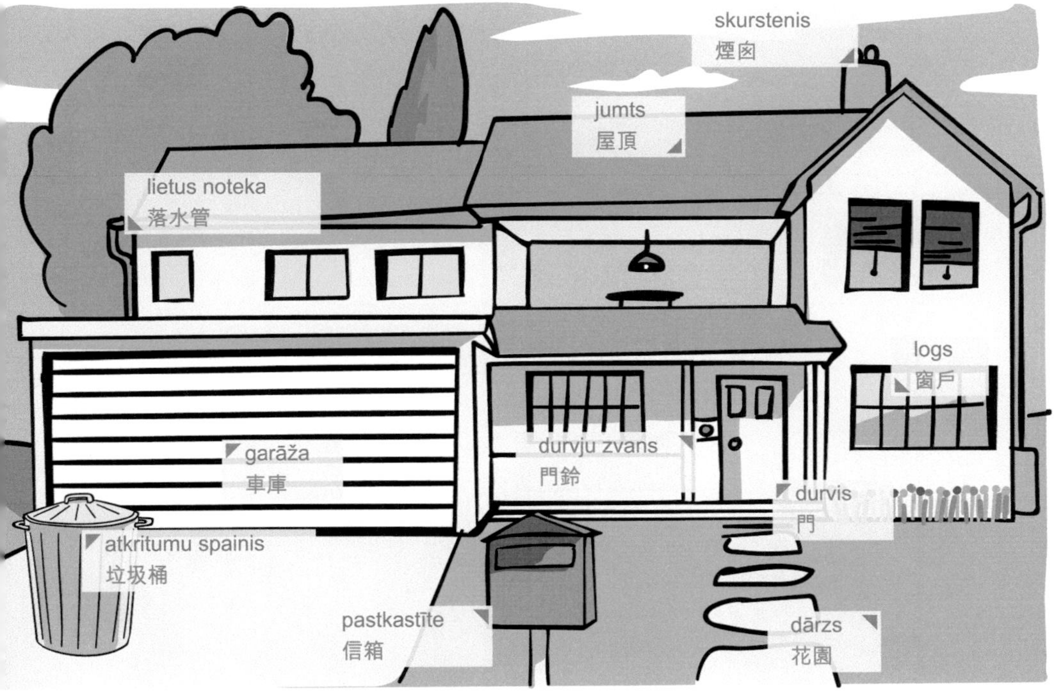
skurstenis
煙囪
jumts
屋頂
lietus noteka
落水管
logs
窗戶
garāža
車庫
durvju zvans
門鈴
durvis
門
atkritumu spainis
垃圾桶
pastkastīte
信箱
dārzs
花園

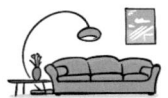

viesistaba

客廳

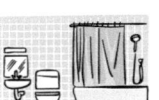

vannas istaba

浴室

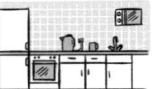

virtuve

廚房

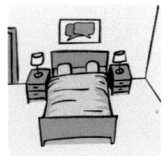

guļamistaba

臥室

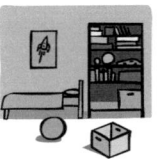

bērnu istaba

兒童房

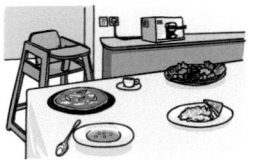

ēdamistaba

餐廳

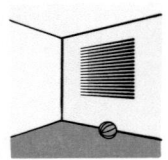

grīda

地板

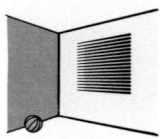

siena

牆壁

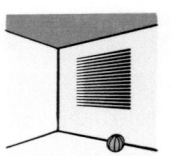

griesti

天花板

pagrabs

地窖

sauna

三溫暖

balkons

陽臺

terase

露臺

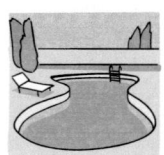

baseins

游泳池

zāles pļāvējs

割草機

gultas veļa

被單

sega

床罩

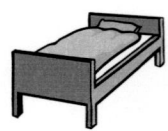

gulta

床

slota

掃帚

spainis

水桶

slēdzis

開關

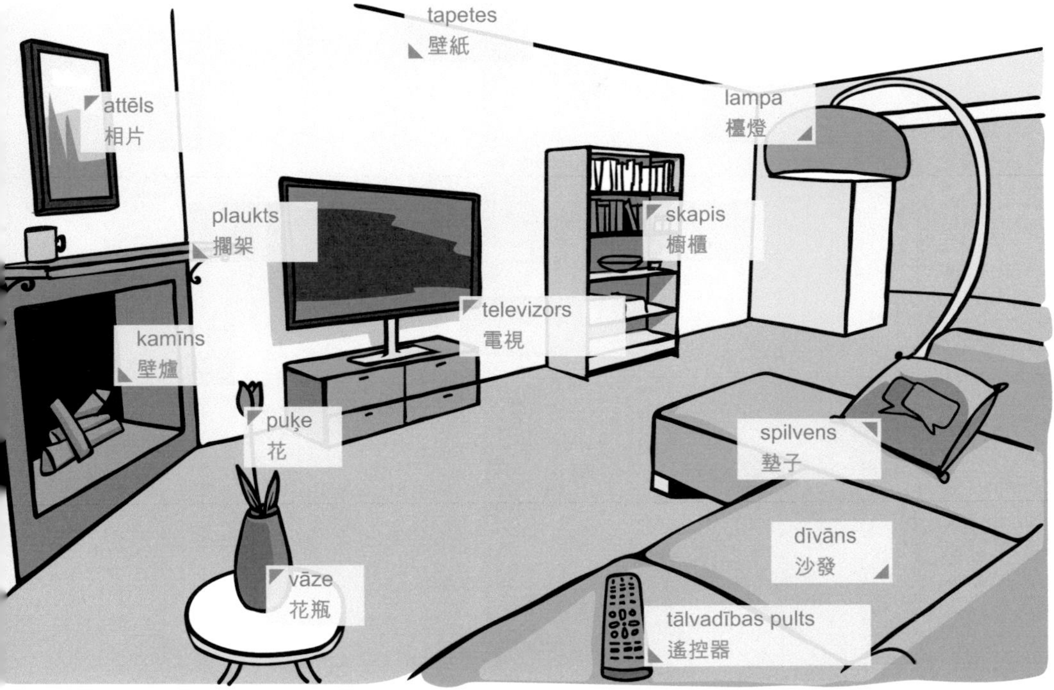

tapetes
壁紙

attēls
相片

lampa
檯燈

plaukts
擱架

skapis
櫥櫃

televizors
電視

kamīns
壁爐

puķe
花

spilvens
墊子

dīvāns
沙發

vāze
花瓶

tālvadības pults
遙控器

paklājs

地毯

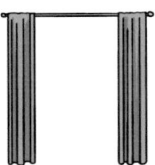

aizkars

窗簾

galds

餐桌

krēsls

椅子

šūpuļkrēsls

搖椅

atpūtas krēsls

扶手椅

grāmata

書

sega

毯子

dekorācija

裝飾品

malka

木柴

filma

電影

mūzikas centrs

高傳真音響

atslēga

鑰匙

avīze

報紙

glezna

油畫

plakāts

海報

radio

收音機

pierakstu blociņš

筆記本

putekļu sūcējs

吸塵器

kaktuss

仙人掌

svece

蠟燭

virtuve
廚房

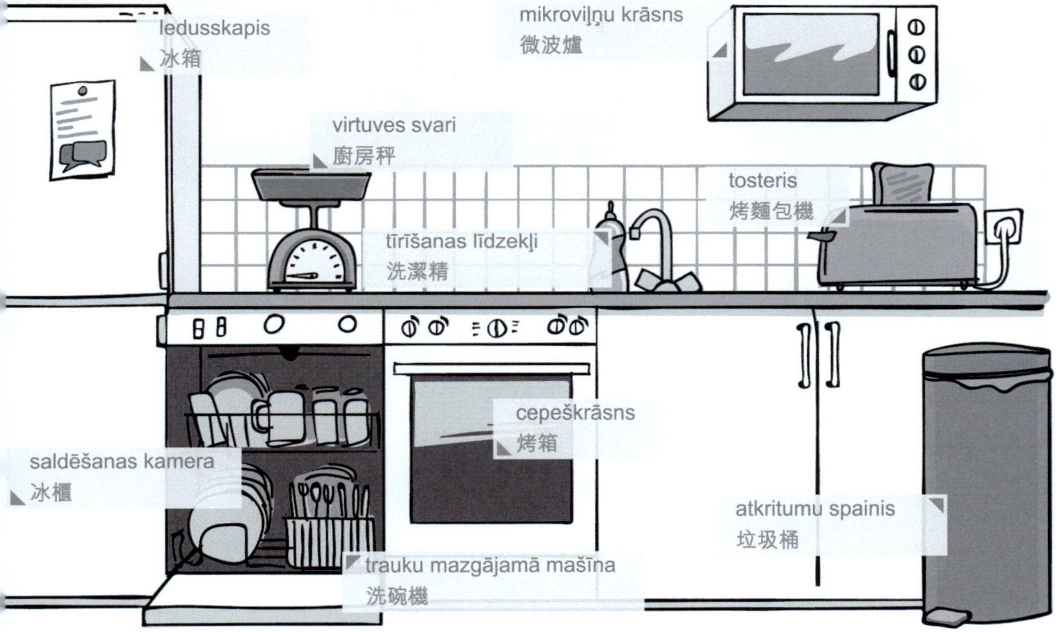

ledusskapis
冰箱
mikroviļņu krāsns
微波爐
virtuves svari
廚房秤
tosteris
烤麵包機
tīrīšanas līdzekļi
洗潔精
cepeškrāsns
烤箱
saldēšanas kamera
冰櫃
atkritumu spainis
垃圾桶
trauku mazgājamā mašīna
洗碗機

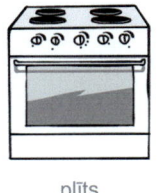

plīts

炊具

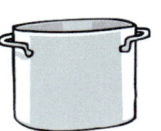

pods

鍋

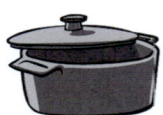

katls

鑄鐵鍋

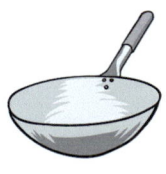

Wok panna

炒鍋

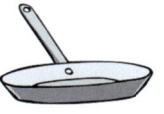

panna

平底鍋

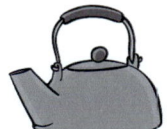

elektriskā tējkanna

水壺

tvaika katls

蒸鍋

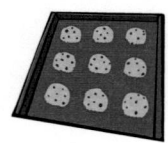

cepešpanna

烤盤

trauki

陶瓷鍋

krūze

馬克杯

bļoda

碗

irbulīši

筷子

kauss

長柄勺

lāpstiņa

鏟子

putošanas slotiņa

攪拌器

sietiņš

濾網

siets

篩子

rīve

磨碎機

piesta

研缽

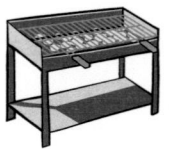

grilēt

燒烤

atklāts pavards

明火

dēlis

菜板

mīklas rullis

擀麵杖

korķu viļķis

開瓶器

bundža

罐子

konservu nazis

開罐器

virtuves cimdi

隔熱手套

izlietne

水槽

birste

刷子

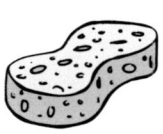

sūklis

海綿

mikseris

攪拌機

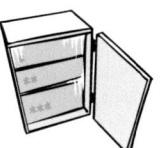

saldētava

冷藏箱

bērna pudelīte

奶瓶

ūdenskrāns

水龍頭

vannas istaba

浴室

apkure
供暖裝置
duša
淋浴
dvielis
毛巾
dušas aizkari
浴簾
vannas putas
泡沫浴
vanna
浴缸
glāze
玻璃杯
veļas mašīna
洗衣機
ūdenskrāns
水龍頭
flīzes
瓷磚
podiņš
便壺
izlietne
水槽

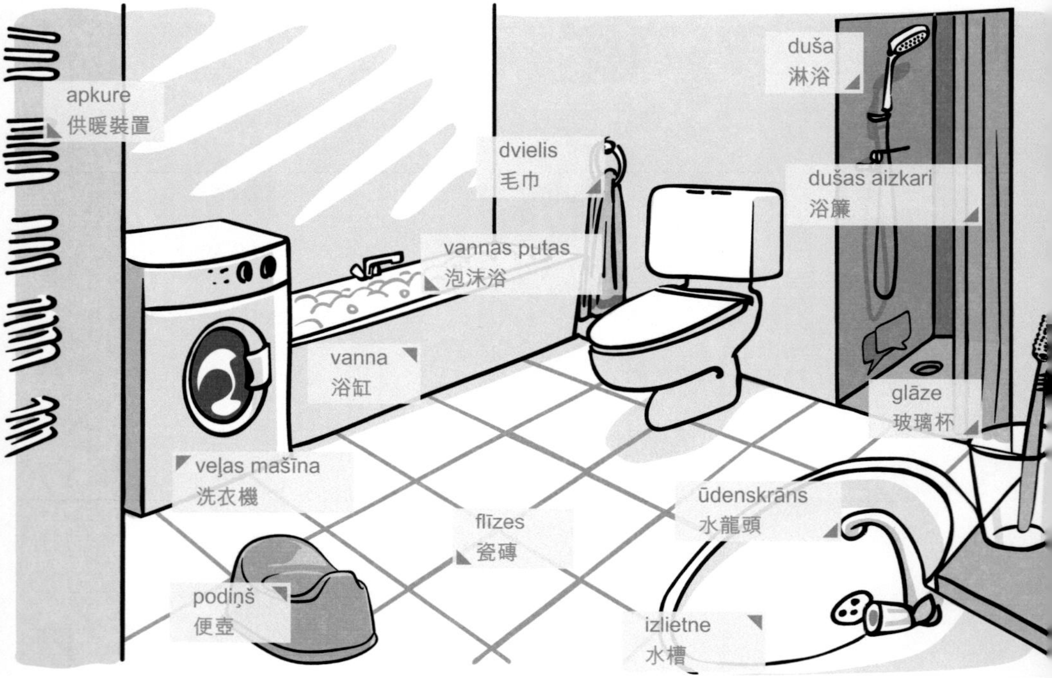

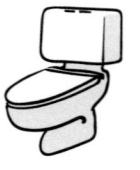

tualetes pods

廁所

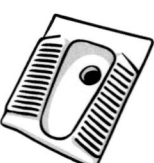

Āzijas tipa tualete

蹲便器

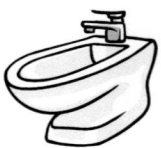

bidē

坐浴器

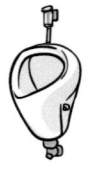

pisuārs

小便斗

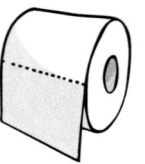

tualetes papīs

廁紙

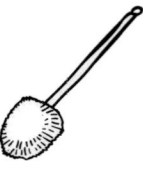

tualetes birste

馬桶刷

zobu birste

牙刷

zobu pasta

牙膏

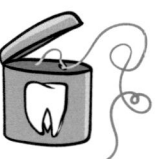

zobu diegs

牙線

mazgāt

洗

rokas duša

手持式蓮蓬頭

duša

沖洗器

bļoda

洗臉盆

muguras mazgāšanas birste

洗背刷

ziepes

肥皂

dušas želeja

沐浴露

šampūns

洗髮乳

mazgāšanas drāna

法蘭絨

noteka

排水

krēms

乳霜

dezodorants

除臭劑

spogulis

鏡子

spogulītis

手鏡

skuveklis

刮鬍刀

skūšanās putas

刮鬍泡沫

losjons pēc skūšanās

鬍後水

ķemme

梳子

matu suka

刷子

matu fēns

吹風機

matu laka

噴髮定型劑

grima komplekts

化妝品

lūpu krāsa

唇膏

nagulaka

指甲油

vate

化妝棉

šķērītis

指甲剪

smaržas

香水

kosmētikas maks

洗漱包

ķeblītis

凳子

svari

計重秤

halāts

浴袍

tīrīšanas cimdi

橡膠手套

tampons

衛生棉條

pakete

衛生棉

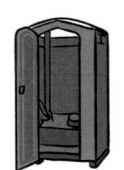

ķīmiskā tualete

化學廁所

bērnu istaba

兒童房

modinātājs
鬧鐘
mīkstā rotaļlieta
毛絨玩具
spēļu automašīna
玩具車
grabulis
撥浪鼓
leļļu māja
玩具屋
dāvana
禮物

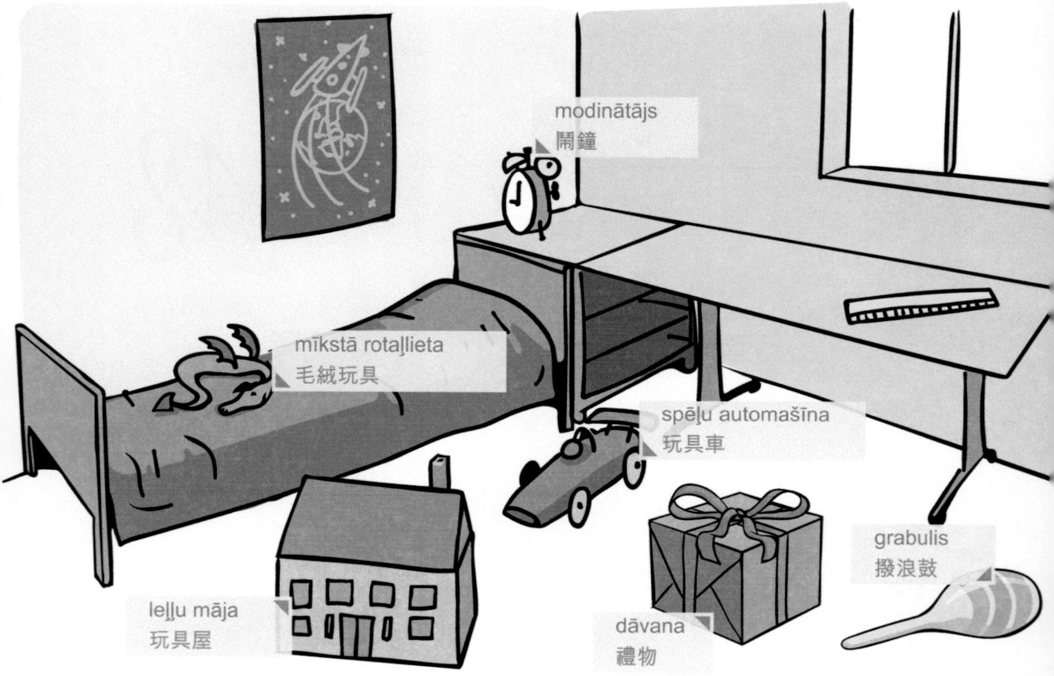

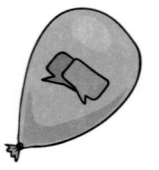

balons

氣球

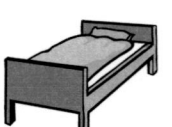

gulta

床

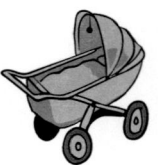

bērnu ratiņi

嬰兒車

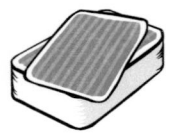

kārtis

撲克牌

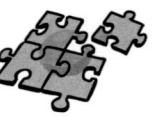

puzle

拼圖

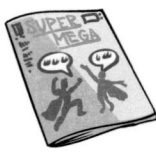

komikss

漫畫

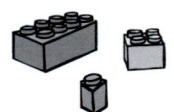

LEGO klucīši

樂高積木

klucīši

積木玩具

varoņu figūra

公仔

rāpulītis

嬰兒服

lidojošais šķīvītis

飛盤

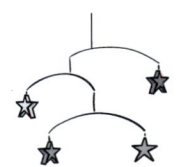

muzikālais karuselis

床鈴玩具

galda spēle

棋盤遊戲

metamais kauliņš

骰子

rotaļu dzelzceļš

火車模型

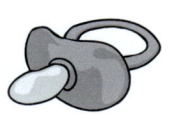

māneklis

安撫奶嘴

ballīte

派對

bilžu grāmata

繪本

bumba

球

lelle

洋娃娃

spēlēt

玩

smilšu kaste

沙坑

šūpoles

鞦韆

rotaļlietas

玩具

spēļu konsole

電玩遊戲

trīsritenis

三輪車

plīša lācītis

泰迪熊

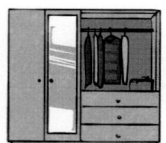

drēbju skapis

衣櫃

apģērbs
衣服

īszeķes

襪子

zeķes

長襪

zeķbikses

緊身褲

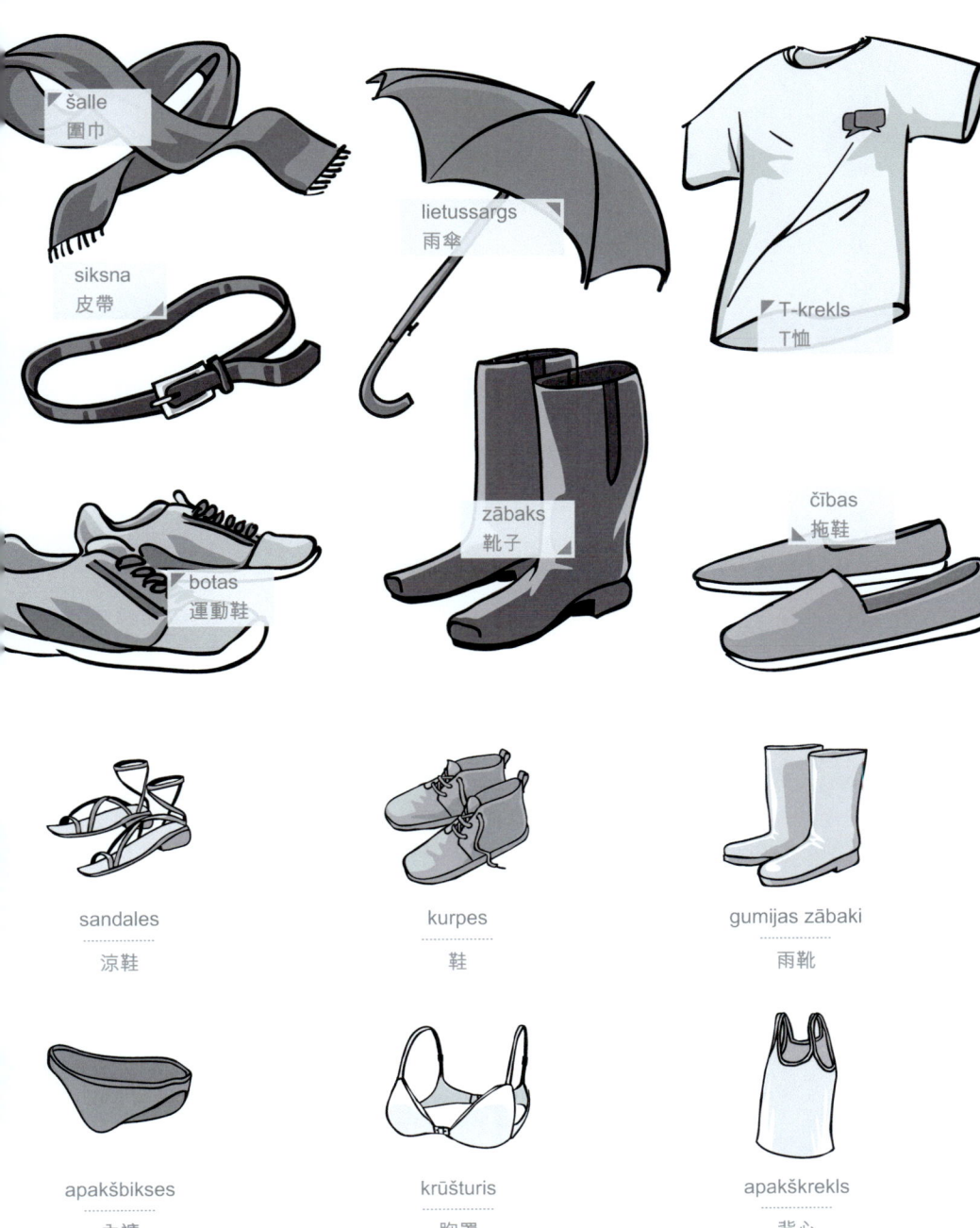

šalle
圍巾

lietussargs
雨傘

T-krekls
T恤

siksna
皮帶

zābaks
靴子

čības
拖鞋

botas
運動鞋

sandales

涼鞋

kurpes

鞋

gumijas zābaki

雨靴

apakšbikses

內褲

krūšturis

胸罩

apakškrekls

背心

apģērbs - 衣服

bodijs

身體

bikses

褲子

džinsi

牛仔褲

svārki

短裙

blūze

女式襯衫

krekls

襯衫

pulovers

套頭衫

džemperis

連帽上衣

žakete

西裝夾克

jaka

夾克

mētelis

外套

lietus mētelis

雨衣

kostīms

套裝

kleita

連衣裙

kāzu kleita

婚紗

uzvalks

西裝

naktskrekls

睡袍

pidžama

睡衣

sari

莎麗

lakats

頭巾

turbāns

包頭巾

burka

波卡

kaftāns

卡夫坦

abaja

(阿拉伯式)長袍

peldkostīms

泳衣

peldbikses

男式泳褲

šorti

短褲

treniņtērps

運動服

priekšauts

圍裙

cimdi

手套

poga

鈕扣

brilles

眼鏡

rokassprādze

手鏈

kaklarota

項鍊

gredzens

戒指

auskars

耳環

cepure

便帽

drēbju pakaramais

衣架

platmale

帽子

kaklasaite

領帶

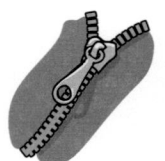

rāvējslēdzējs

拉鍊

ķivere

安全帽

bikšturi

背帶

skolas forma

校服

uniforma

制服

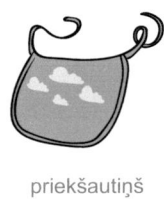

priekšautiņš
圍兜

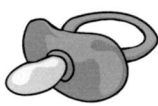

māneklis
安撫奶嘴

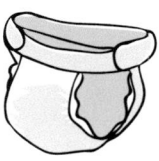

autiņbiksītes
尿布

birojs
辦公室

serveris
伺服器
dokumentu skapis
檔案櫃
papīrs
紙
printeris
印表機
monitors
螢幕
rakstāmgalds
辦公桌
pele
滑鼠
dokumentu vāki
資料夾
klaviatūra
鍵盤
papīrgrozs
廢紙簍
dators
電腦
krēsls
椅子

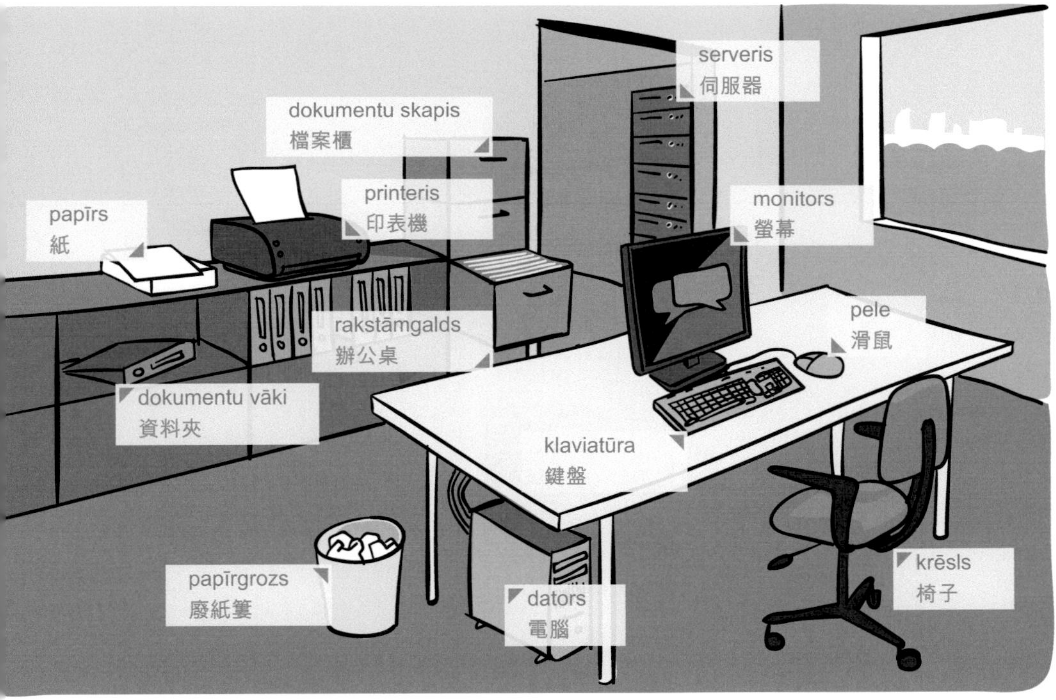

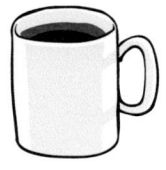

kafijas krūze
咖啡杯

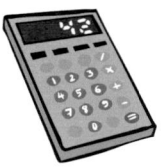

kalkulators
計算機

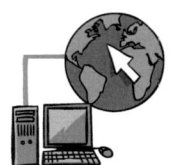

internets
網際網路

portatīvais dators

筆記型電腦

vēstule

信件

ziņa

簡訊

mobilais tālrunis

行動電話

tīkls

網路

kopētājs

影印機

programmatūra

軟體

telefons

電話

rozete

插座

faksa aparāts

傳真機

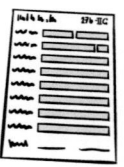

formulārs

表格

dokuments

檔案

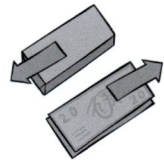

pirkt

買

samaksāt

付錢

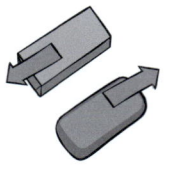

tirgot

交易

nauda

現金

dolārs

美元

eiro

歐元

jēna

日元

rublis

盧布

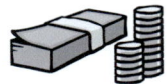

franks

瑞士法郎

juaņa renminbi

人民幣

rūpija

盧比

bankomāts

提款處

valūtas maiņas punkts

外幣兌換處

zelts

金

sudrabs

銀

nafta

石油

enerģija

能源

cena

價格

līgums

合約

nodoklis

稅金

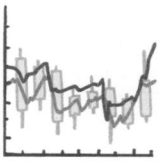

akcija

股票

strādāt

工作

darbinieks

職員

darba devējs

老闆

fabrika

工廠

veikals

商店

policists
警官

ugunsdzēsējs
消防員

pavārs
廚師

ārsts
醫師

pilots
飛行員

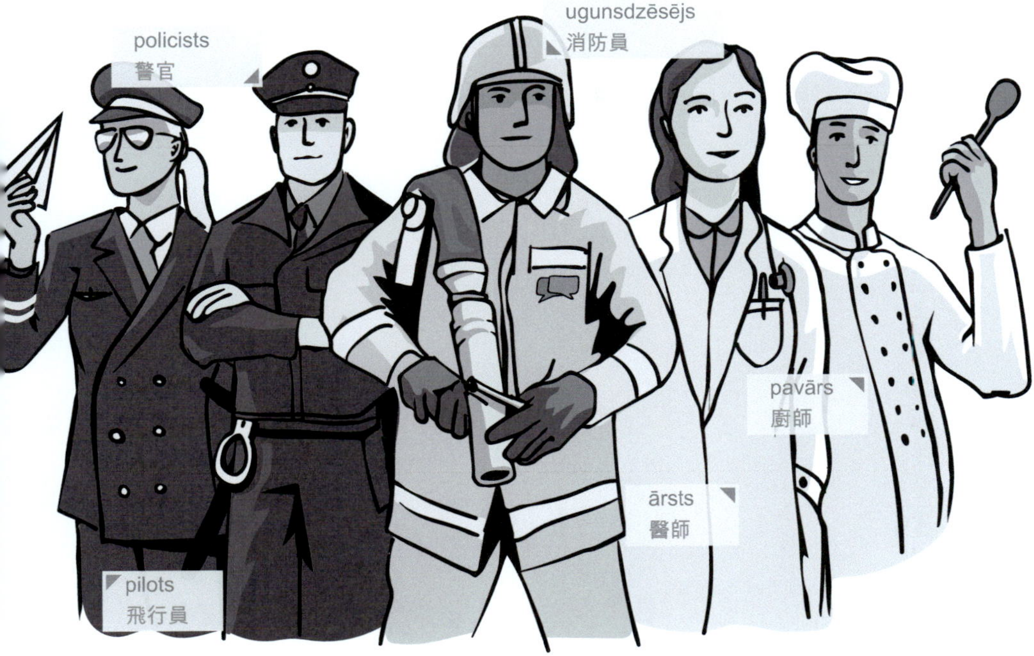

dārznieks

園丁

galdnieks

木匠

šuvēja

裁縫

tiesnesis

法官

ķīmiķis

化學家

aktieris

演員

autobusa vadītājs

公車司機

taksometra vadītājs

計程車司機

zvejnieks

漁夫

apkopēja

清洗女工

jumiķis

屋頂工

viesmīlis

服務生

mednieks

獵人

gleznotājs

畫家

maiznieks

麵包師

elektriķis

電工

celtnieks

建築工人

inženieris

工程師

miesnieks

屠夫

skārdnieks

水管工

pastnieks

郵差

karavīrs

士兵

arhitekts

建築師

kasieris

收銀員

florists

花農

frizieris

理髮師

konduktors

售票員

mehāniķis

機械技師

kapteinis

船長

zobārsts

牙醫

zinātnieks

科學家

rabīns

拉比

imāms

伊瑪目

mūks

和尚

mācītājs

牧師

instrumenti

工具

āmurs
鐵錘
knaibles
鉗子
skrūvgriezis
螺絲起子
uzgriežņu atslēga
扳手
kabatas lukturīti
手電筒

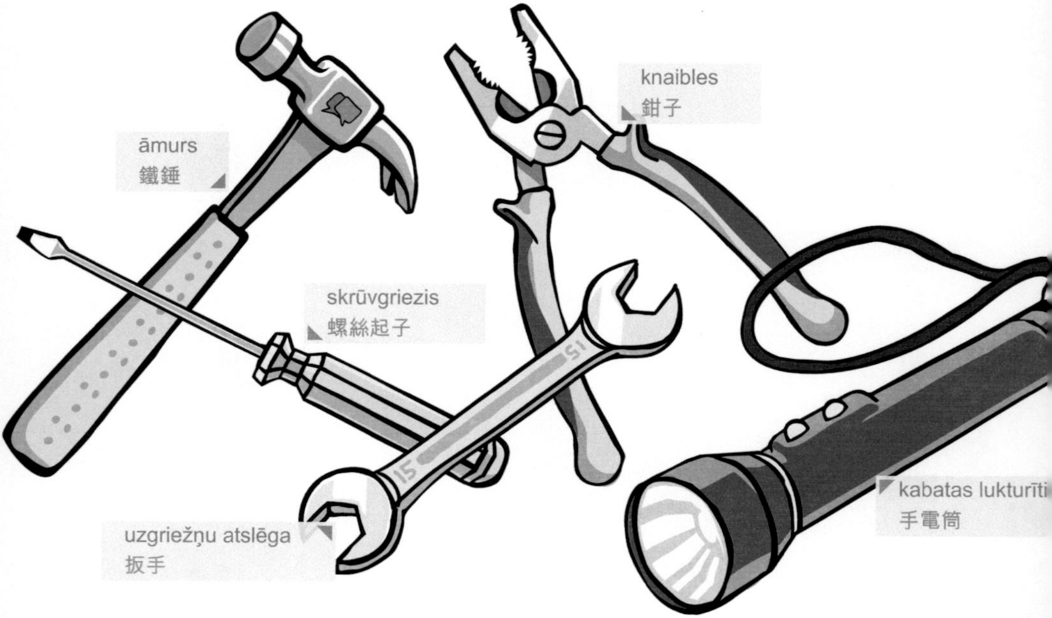

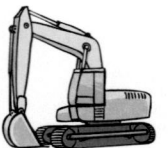

ekskavators
挖掘機

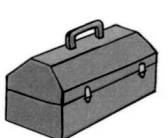

instrumentu kaste
工具箱

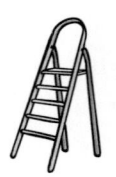

kāpnes
梯子

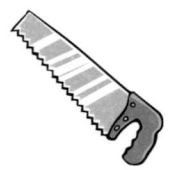

zāģis
鋸子

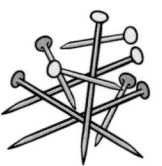

naglas
釘子

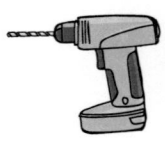

urbis
鑽機

remontēt

修

lāpsta

鏟子

Velns!

糟糕！

liekšķere

畚箕

krāsas bundža

油漆桶

skrūves

螺絲

mūzikas instrumenti
樂器

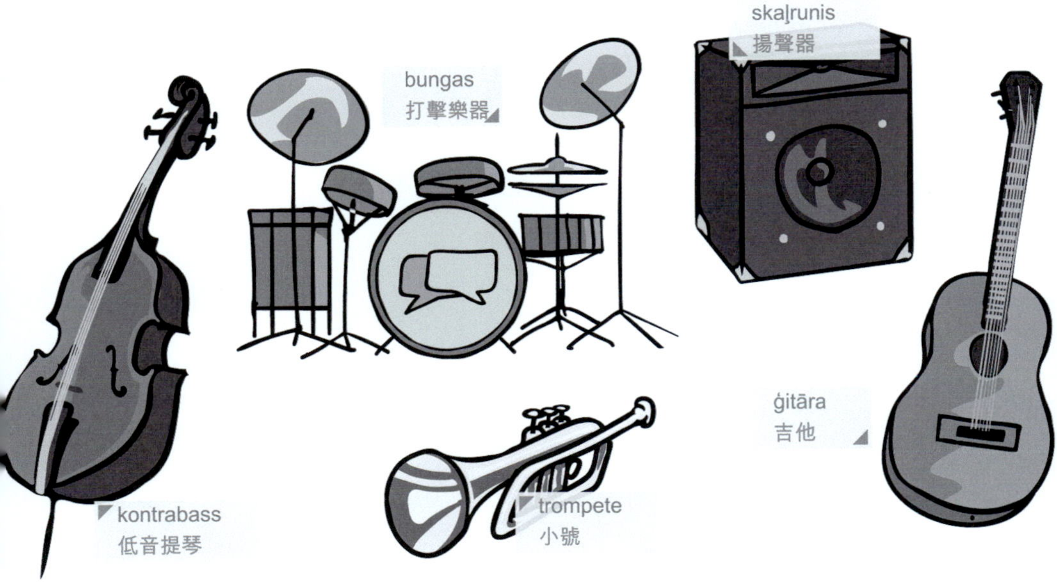

skaļrunis
揚聲器

bungas
打擊樂器

kontrabass
低音提琴

trompete
小號

ģitāra
吉他

klavieres

鋼琴

vijole

小提琴

bass

貝斯

timpāni

定音鼓

bungas

鼓

digitālās klavieres

電子琴

saksofons

薩克斯風

flauta

長笛

mikrofons

麥克風

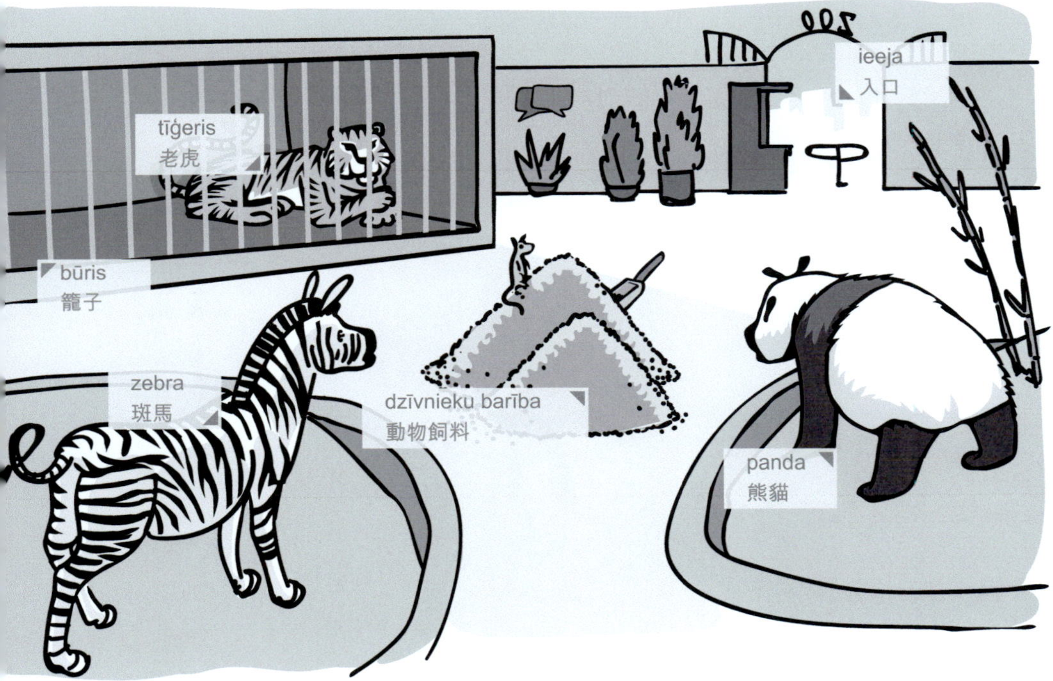
zoo
ieeja
入口
tīģeris
老虎
būris
籠子
zebra
斑馬
dzīvnieku barība
動物飼料
panda
熊貓

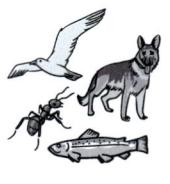

dzīvnieki

動物

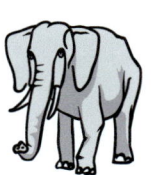

zilonis

大象

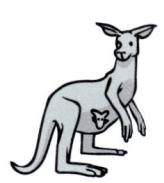

ķengurs

袋鼠

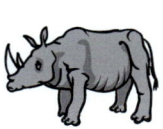

degunradzis

犀牛

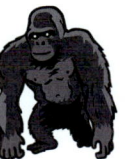

gorilla

大猩猩

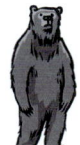

lācis

熊

kamielis

駱駝

strauss

鴕鳥

lauva

獅子

pērtiķis

猴子

flamings

紅鶴

papagailis

鸚鵡

polārlācis

北極熊

pingvīns

企鵝

haizivs

鯊魚

pāvs

孔雀

čūska

蛇

krokodils

鱷魚

zoodārza sargs

動物園管理員

ronis

海豹

jaguārs

美洲豹

ponijs

矮種馬

leopards

豹

nīlzirgs

河馬

žirafe

長頸鹿

ērglis

老鷹

meža cūka

野豬

zivs

魚

bruņurupucis

龜

valzirgs

海象

lapsa

狐狸

gazele

羚羊

sports
體育

amerikāņu futbols
橄欖球

riteņbraukšana
騎腳踏車

teniss
網球

basketbols
籃球

peldēšana
游泳

bokss
拳擊

hokejs
冰球

futbols
美式足球

badmintons
羽毛球

vieglatlētika
田徑

rokas bumba
手球

slēpošana
滑雪

polo
馬球

smieties
笑

lēkt
跳

apskaut
擁抱

iet
走路

dziedāt
唱

sapņot
做夢

lūgt
祈禱

skūpstīt
親吻

rakstīt

書寫

zīmēt

畫

rādīt

展示

spiest

推

dot

給

ņemt

拿

būt

有

darīt

做

būt

當

stāvēt

站

skriet

跑

vilkt

拉

mest

丟

krist

摔倒

gulēt

躺

gaidīt

等待

nest

攜帶

sēdēt

坐

uzģērbt

穿衣

gulēt

睡覺

pamosties

醒來

skatīties

看

raudāt

哭

glāstīt

擊

ķemmēt

梳頭

runāt

交談

saprast

明白

jautāt

問

dzirdēt

聽

dzert

喝

ēst

吃

sakārtot

清理

mīlēt

愛

vārīt

做飯

braukt

開車

lidot

飛

burot

航行

rēķināt

計算

lasīt

讀

mācīties

學習

strādāt

工作

precēties

結婚

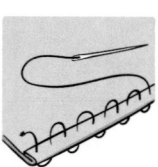

šūt

縫

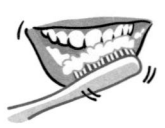

tīrīt zobus

刷牙

nogalināt

殺

smēķēt

抽菸

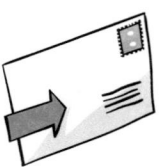

sūtīt

寄

ģimene

家

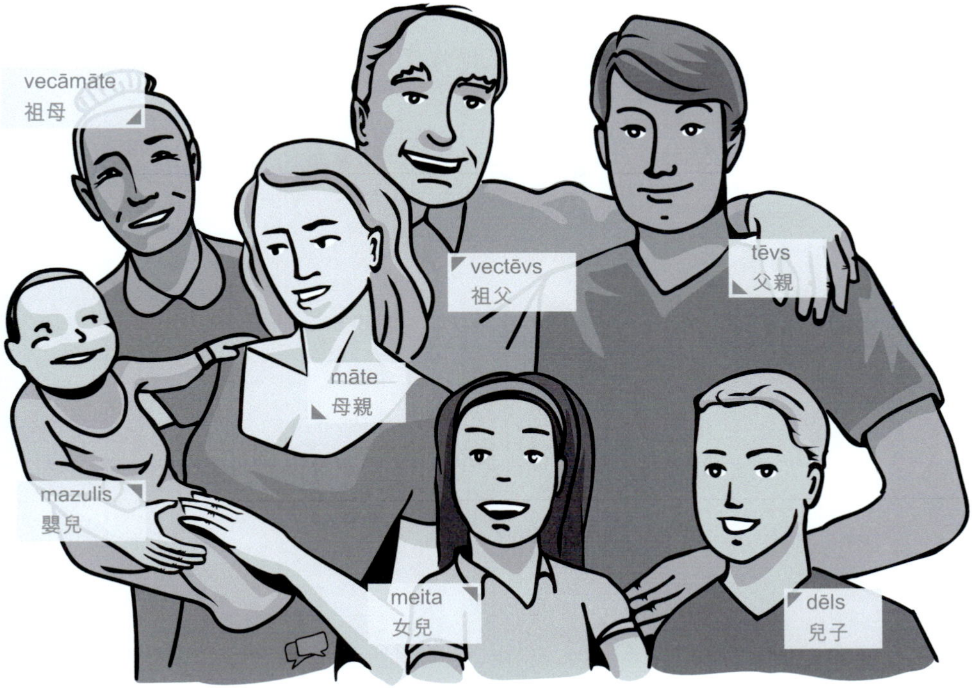

vecāmāte
祖母
vectēvs
祖父
tēvs
父親
māte
母親
mazulis
嬰兒
meita
女兒
dēls
兒子

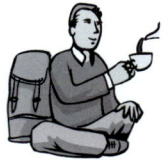

viesis

客人

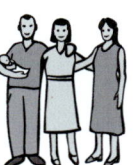

tante

阿姨

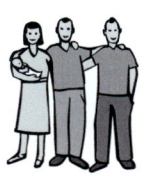

onkulis

叔叔

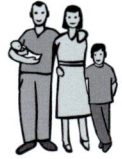

brālis

兄弟

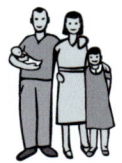

māsa

姐妹

ķermenis
身體

piere
前額
acs
眼睛
plecs
肩膀
pirksts
手指
seja
臉
zods
下巴
roka
手
kāja
腿
krūtis
乳房
roka
手臂

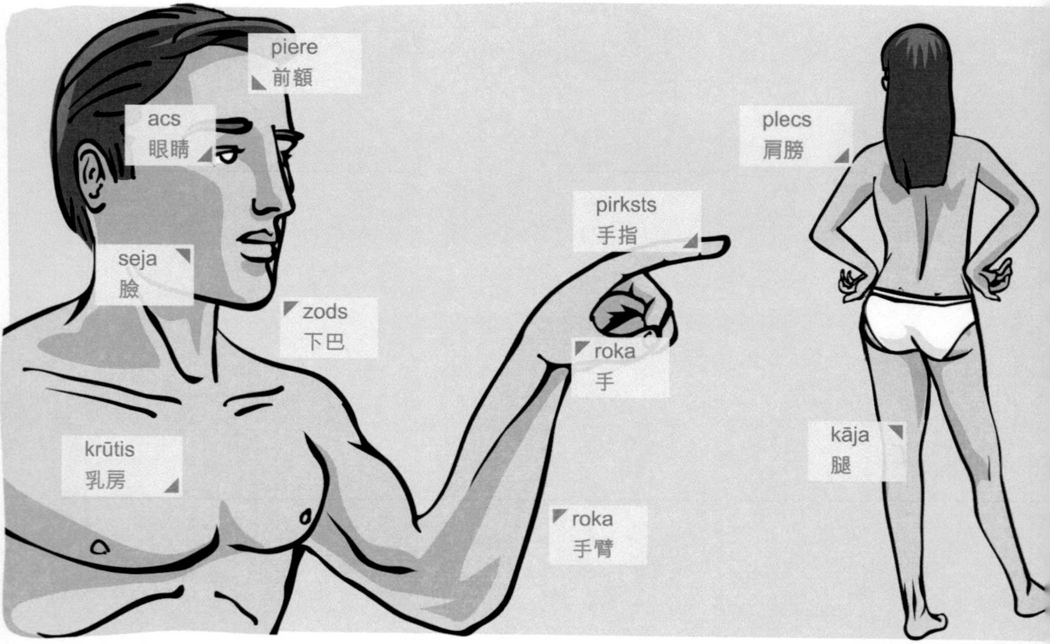

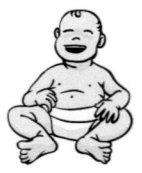

mazulis
嬰兒

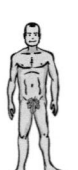

vīrietis
男人

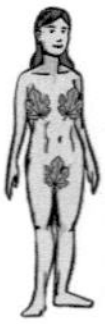

sieviete
女人

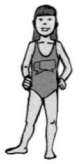

meitene
女孩

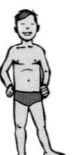

zēns
男孩

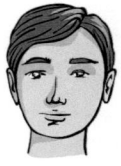

galva
頭

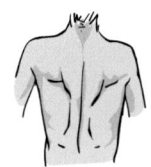

mugura

背部

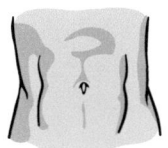

vēders

肚子

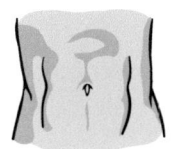

naba

肚臍

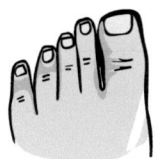

kājas pirksts

腳趾

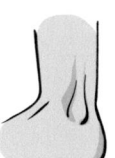

papēdis

腳後跟

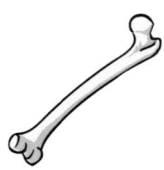

kauls

骨頭

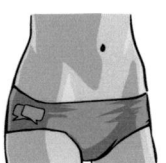

gurns

臀部

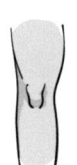

celis

膝蓋

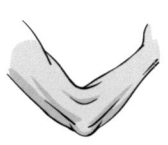

elkonis

手肘

deguns

鼻子

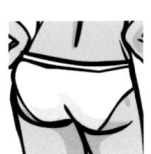

dibens

屁股

āda

皮膚

vaigs

臉頰

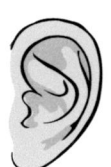

auss

耳朵

lūpa

嘴唇

mute

嘴

zobs

牙齒

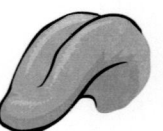

mēle

舌頭

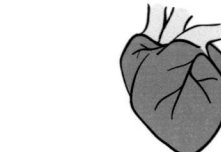

smadzenes

腦

sirds

心臟

muskulis

肌肉

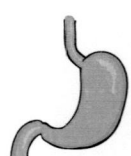

plaušas

肺

aknas

肝臟

kuņģis

胃

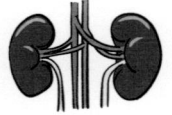

nieres

腎臟

dzimumakts

性交

kondoms

保險套

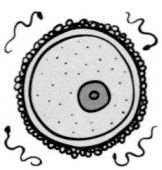

olšūna

卵子

sperma

精子

grūtniecība

懷孕

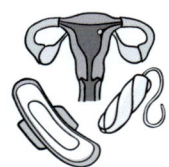

menstruācijas

月事

vagīna

陰道

penis

陰莖

uzacs

眉毛

mati

頭髮

kakls

脖子

ķermenis - 身體

slimnīca
醫院

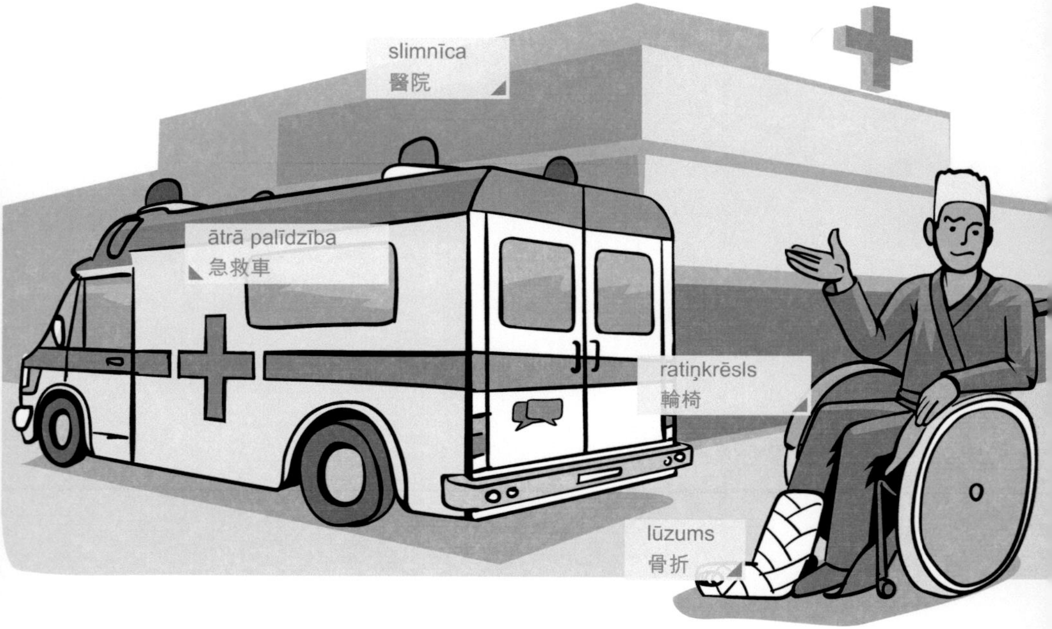

slimnīca
醫院
ātrā palīdzība
急救車
ratiņkrēsls
輪椅
lūzums
骨折

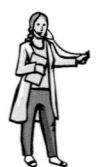

ārsts

醫師

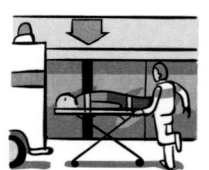

neatliekamās palīdzības nodaļa

急診室

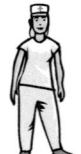

medmāsa

護理師

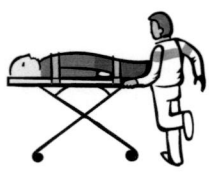

ārkārtas gadījums

緊急情形

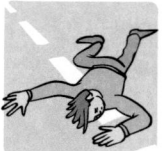

paģībis

昏迷

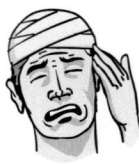

sāpes

痛

ievainojums

受傷

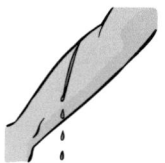

asiņošana

出血

sirdslēkme

心臟病發作

insults

中風

alerģija

過敏

klepus

咳嗽

temperatūra

發燒

gripa

流感

caureja

腹瀉

galvassāpes

頭痛

vēzis

癌症

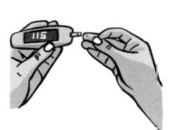

diabēts

糖尿病

ķirurgs

外科醫師

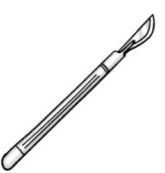

skalpelis

手術刀

operācija

手術

datortomogrāfija

電腦斷層掃描

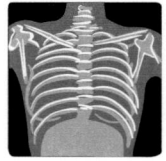

rentgents

X光

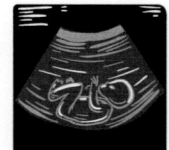

ultraskaņa

超音波

sejas maska

口罩

slimība

疾病

uzgaidāmā telpa

候診室

kruķis

拐杖

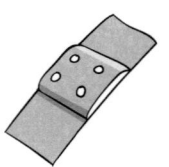

plāksteris

石膏

apsējs

繃帶

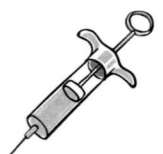

injekcija

注射

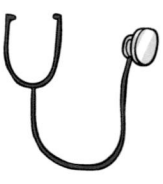

stetoskops

聽診器

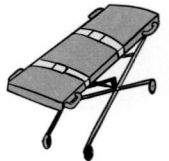

nestuves

擔架

termometrs

體溫計

dzemdības

出生

liekais svars

超重

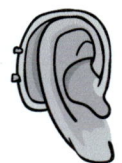

dzirdes aparāts

助聽器

dezinfekcijas līdzeklis

消毒液

infekcija

感染

vīruss

病毒

HIV / AIDS

愛滋病

zāles

藥物

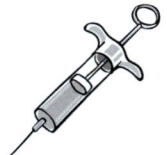

pote

接種疫苗

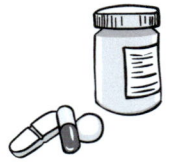

tabletes

藥片

pretapaugļošanās tablete

藥丸

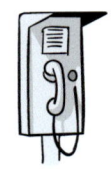

ārkārtas izsaukums

急救電話

asinsspiediena mērītājs

血壓計

slims / vesels

生病/健康

Palīgā!

救命！

trauksme

警報

uzbrukums

突擊

uzbrukums

攻擊

bīstamība

危險

avārijas izeja

緊急出口

Uguns!

失火了！

ugunsdzēšamais aparāts

滅火器

negadījums

意外

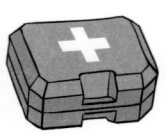

pirmās palīdzības aptieciņa

急救箱

SOS

呼救訊號

policija

員警

Eiropa

歐洲

Ziemeļamerika

北美洲

Dienvidamerika

南美洲

Āfrika

非洲

Āzija

亞洲

Austrālija

澳洲

Atlantijas okeāns

大西洋

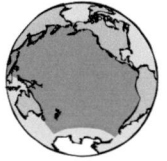

Klusais okeāns

太平洋

Indijas okeāns

印度洋

Dienvidu okeāns

南冰洋

Ziemeļu ledus okeāns

北冰洋

Ziemeļpols

北極

Dienvidpols

南極

Antarktika

南極洲

zeme

地球

zeme

陸地

jūra

海

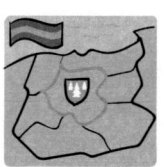

sala

島

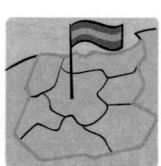

nācija

國家

valsts

州

ciparnīca

錶盤

stundu rādītājs

時針

minūšu rādītājs

分針

sekunžu rādītājs

秒針

Cik ir pulkstenis?

現在幾點？

diena

天

laiks

時間

tagad

現在

digitālais pulkstenis

電子錶

minūte

分

stunda

時

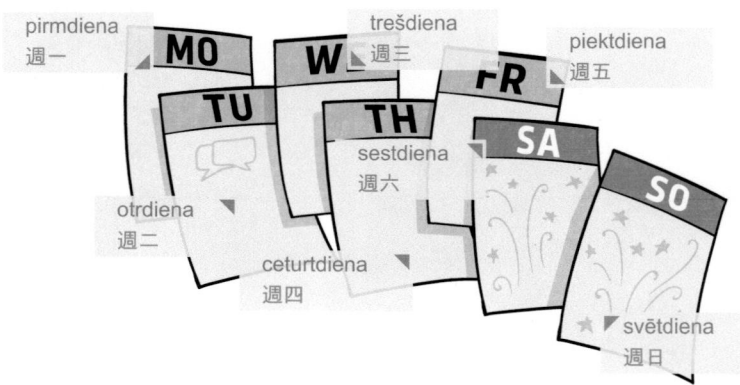

pirmdiena
週一

trešdiena
週三

piektdiena
週五

otrdiena
週二

sestdiena
週六

ceturtdiena
週四

svētdiena
週日

vakardien

昨天

šodien

今天

rītdien

明天

rīts

早晨

pusdienlaiks

中午

vakars

晚上

darbadienas

工作日

brīvdienas

週末

lietus
雨

varavīksne
彩虹

sniegs
雪

vējš
風

pavasaris
春

rudens
秋

vasara
夏

ziema
冬

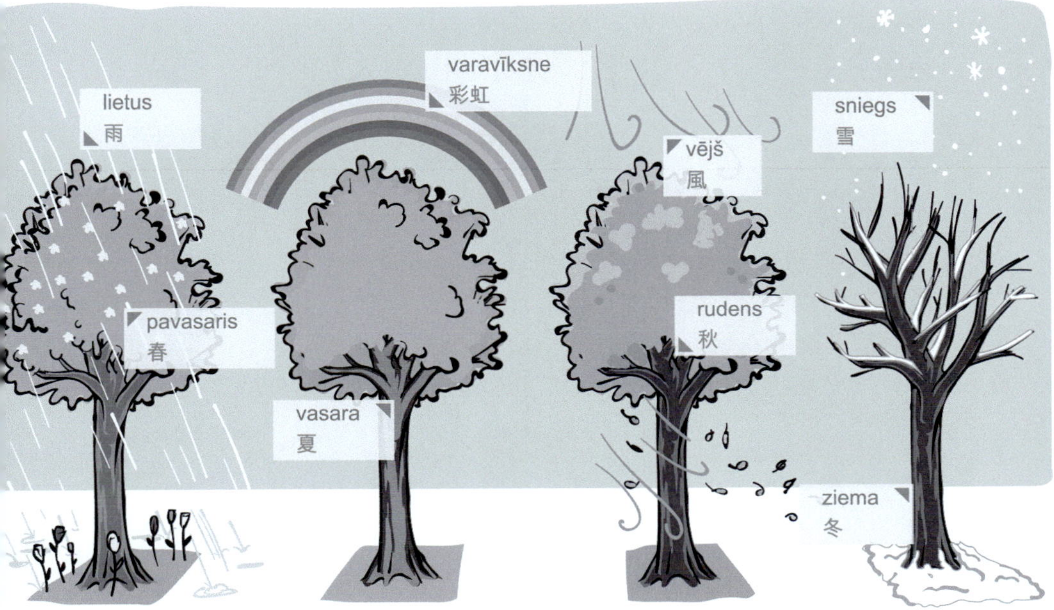

laika prognoze

天氣預告

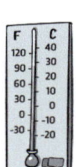

termometrs

溫度計

saules gaisma

陽光

mākonis

雲

migla

霧

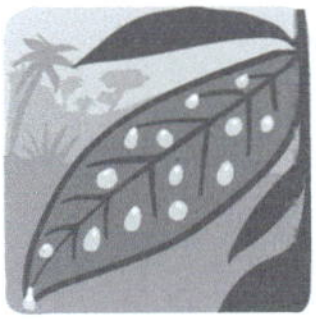

gaisa mitrums

潮濕

zibens

閃電

pērkons

打雷

vētra

風暴

krusa

冰雹

musons

季風

plūdi

洪水

ledus

冰

janvāris

一月

februāris

二月

marts

三月

aprīlis

四月

maijs

五月

jūnijs

六月

jūlijs

七月

augusts

八月

septembris

九月

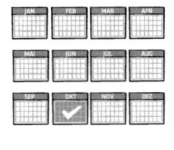

oktobris

十月

novembris

十一月

decembris

十二月

aplis

圓形

kvadrāts

正方形

četrstūris

長方形

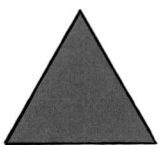

trīsstūris

三角形

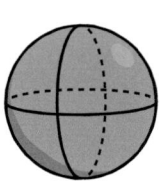

lode

球體

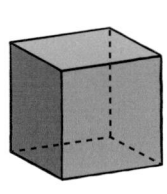

kubs

立方體

balts

白

dzeltens

黃

oranžs

橙

sārts

粉

sarkans

紅

lillā

紫

zils

藍

zaļš

綠

brūns

棕

pelēks

灰

melns

黑

daudz / maz

很多/少許

saniknots / miermīlīgs

生氣/平靜

skaists / neglīts

美/醜

sākums / beigas

首/尾

liels / mazs

大/小

gaišs / tumšs

明/暗

brālis / māsa

兄弟/姐妹

tīrs / netīrs

乾淨/骯髒

pilnīgs / nepilnīgs

完整/缺失

diena / nakts

白天/晚上

miris / dzīvs

死/生

plats / šaurs

寬/窄

baudāms / nebaudāms

可食用/非食用

nikns / laipns

邪惡/善良

satraukts / garlaikots

興奮/無聊

resns / tievs

胖/瘦

pirmais /pēdējais

第一/最後

draugs / ienaidnieks

朋友/敵人

pilns / tukšs

滿/空

ciets / mīksts

硬/軟

smags / viegls

重/輕

izsalkums / slāpes

餓/渴

slims / vesels

生病/健康

nelegāls / legāls

非法/合法

inteliģents / dumjš

聰明/愚笨

kreisais / labais

左/右

tuvu / tālu

近/遠

jauns / lietots

新/舊

nekas / kaut kas

沒有/有些

vecs / jauns

老/幼

ieslēgts / izslēgts

開/關

atvērts / slēgts

打開/闔上

kluss / skaļš

安靜/吵鬧

bagāts / nabags

富/窮

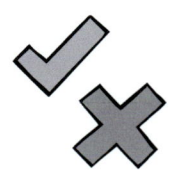

pareizi / nepareizi

對/錯

raupjš / gluds

粗糙/光滑

noskumis / laimīgs

傷心/高興

īss / garš

短/長

lēns / ātrs

慢/快

slapjš / sauss

濕/乾

silts / vēss

溫暖/涼爽

karš / miers

戰爭/和平

0

nulle

零

1

viens

一

2

divi

二

3

trīs

三

4

četri

四

5

pieci

五

6

seši

六

7

septiņi

七

8

astoņi

八

9

deviņi

九

10

desmit

十

11

vienpadsmit

十一

12
divpadsmit
十二

13
trīspadsmit
十三

14
četrpadsmit
十四

15
piecpadsmit
十五

16
sešpadsmit
十六

17
septiņpadsmit
十七

18
astoņpadsmit
十八

19
deviņpadsmit
十九

20
divdesmit
二十

100
simts
百

1.000
tūkstotis
千

1.000.000
miljons
百萬

angļu

英語

amerikāņu angļu

美式英語

ķīniešu mandarīnu valoda

普通話

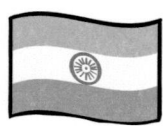

hindi

印地語

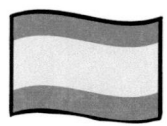

spāņu

西班牙語

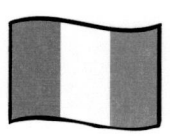

franču

法語

arābu

阿拉伯語

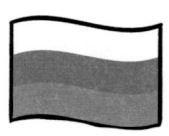

krievu

俄語

portugāļu

葡萄牙語

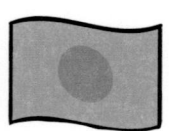

bengāļu

孟加拉語

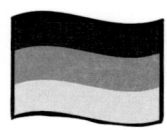

vācu

德語

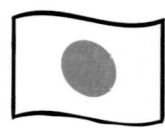

japāņu

日語

es

我

tu

你

viņš / viņa

他/她/它

mēs

我們

jūs

你們

viņi / viņas

他們

kas?

誰？

ko?

什麼？

kā?

如何？

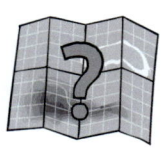

kur?

何處？

kad?

何時？

vārds

名字

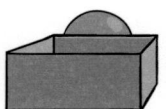

aiz

後面

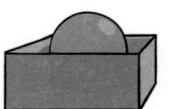

iekšā

裡面

priekšā

前面

virs

上方

uz

上面

zem

下麵

blakus

旁邊

starp

中間

vieta

地點